PETRA SCHNEIDER

Der Duft von Freiheit

... und wie mein Weg begann

1. Auflage © 2019
Petra Schneider
Spanien/Malaga
Steuer Id X2209430G
Email: duftvonfreiheit@gmail.com

Verlag & Druck: tredition GmbH,
Halenreie 40-44, 22359 Hamburg

ISBN Paperback: 978-3-7497-3303-3
ISBN eBook: 978-3-7497-3305-7

Umschlaggestaltung: Tom Jay Buchcoverdesign, https://www.facebook.com/pg/TomJayArts

E-Book-Erstellung und Buchsatz: Jana Köbel, www.jana-koebel.de

Vorwort

Dieses Buch habe ich für Menschen geschrieben, die mit ihrer aktuellen Lebenssituation nicht glücklich sind, und sich eine Veränderung wünschen.

Die sich in Abhängigkeiten befinden und nichts Mehr wollen, als endlich unabhängig und befreit neue Wege zu gehen, nochmal den Reset Knopf drücken, und neu Durchstarten wollen!

Ich bin diesen Weg gegangen, und möchte Dir Mut zusprechen, diesen neuen Schritt zu wagen ... in ein Leben, dass selbstbestimmt, selbstbewusst und selbstverantwortlich in eine glücklichere Zukunft führen kann.

Es ist kein leichter Weg, und Du brauchst die absolute Bereitschaft, nochmal viel Neues zu

Lernen und Dinge zu tun, die Du Dir vielleicht jetzt noch gar nicht vorstellen kannst, und … Dein Warum Du das tun möchtest, muss so verdammt groß sein, dass es Dich durchhalten lässt, wenn es mal nicht so rund läuft … aber glaube mir, es ist kein Hexenwerk, und das Ergebnis ist es allemal wert!

Anhand meiner Geschichte, möchte ich Dir einen Wegweiser an die Hand geben und Dich begleiten, so dass auch Du es schaffen kannst, Dein Leben frei und unabhängig zu gestalten.

Hast Du den Mut dazu?

Dann ist der Kauf dieses Buches die richtige Entscheidung!

MAN KANN JEDE IDEE DURCH EINE ANDERE VERDRÄNGEN,
AUSSER DIE DER

FREIHEIT

Bewusstseins-Kick

Um Dir zu erklären, wie ich auf diesen Aus-
druck komme und welch wichtige, überlebens-
wichtige Bedeutung er für mich hat, muss ich
ein wenig ausholen.

Soweit ich zurückdenken kann, hatte mich die
„selbstgewählte" Verantwortung voll im Griff.
Große Ideen, Selbstständigkeit, Auswanderung
nach Ibiza, mit vielen erfolgreichen Jahren in
der Gastronomie, Rückwanderung nach 12
Jahren (aus Liebe), Ehrgeiz, Verpflichtung und
natürlich … zu meiner Familie, im Besonderen
natürlich meinen Eltern, die ich leider Beide
schon viel zu früh verloren habe … meinem

Dackel Maxi, meinen Freunden und zu guter Letzt, meinem Liebsten.

Allen wollte ich es recht machen und habe dies auch eine lange Zeit ganz gut hinbekommen. Nur der Preis war letztendlich sehr hoch, zu hoch nach meinem heutigen Empfinden. Ich war immer der irrigen Meinung, **Alles**, einfach **Alles** stemmen zu können. Also eigentlich „aus Wasser Wein zu machen".

Trugschluss!

Ich ging an meine körperlichen sowie auch seelischen Grenzen, und hätte wohl bis zum Nimmerleinstag so weiter gemacht.

Aus einer sehr erfolgreichen, selbstbewußten und unabhängigen Frau, wurde innerhalb weniger Jahre ein NICHTS! Und es kam so schleichend, dass ich es lange Zeit gar nicht richtig wahrnahm.

Ich lebte viele Jahre, zu viele Jahre, die Vision eines anderen, und gab mein Leben komplett aus den Händen … Warum? Weil ich einfach zu sehr liebte und alles tat, um diese Liebe auch zurück zu bekommen. Was letztendlich natürlich ein Wunschtraum blieb, was ich mir aber erst viele Jahre später eingestehen konnte. Desto mehr ich an Einsatz gab, umso geringer wurden meine Chancen! Und die Einzige, die das nicht wahrhaben und sehen wollte, war Ich!

Und dann kam von heut auf morgen alles zusammen … Trennung, der Tod meines geliebten Dackels, finanzieller Abgrund, und ein Geschäft, dass trotz allem, jeden verdammten Tag geöffnet werden musste.

Ich funktionierte nur noch … mein Herz war gebrochen, meine Seele erfroren!

Doch Gott sei Dank gibt es ein Phänomen in unserem Leben, das ich jetzt einfach mal Schutzengel nenne. Dieser Schutzengel hat mich Knall auf Fall und ziemlich brutal in die Knie gezwungen, um mir das zu geben, was ich so dringend brauchte, einen augenöffnenden …

BEWUSSTSEINS-KICK

Ein ganz wichtiger und entscheidender Moment in meinem Leben, der mir, nach meinem körperlichen Zusammenbruch und dem Aufwachen in einem Krankenhaus Bett, endgültig die Augen öffnete und ich mir dann diese Fragen stellte:

„Soll es das jetzt wirklich gewesen sein?"

„Gibst du dich jetzt komplett auf?"

„Willst du dein Leben wegschmeißen?"

Ich glaube, die Antwort kennst Du bereits, natürlich NEIN!

Ich spürte plötzlich einen unheimlichen Kampfgeist in mir, einen Trotz, eine Wut … und fing an, Bilanz zu ziehen und bin zu dem Schluss gekommen, mein Leben radikal ändern zu müssen. Es musste schnellstens eine neue Richtung her, und ich meine damit keine Richtungskorrektur, sondern die 360° Wende!

Um dies zu schaffen, musste ich mich eingehend und ausschließlich mit mir selbst auseinandersetzen - keine Rücksicht auf Freunde, Familie oder Geschäft. Das war nicht einfach, aber extrem wichtig und längst überfällig.

Also in meinem Fall:
Neues Land (mal wieder), weg von der Selbst und Ständig Zeit, und rein in einen geregelten Arbeitsplatz (mal was ganz Neues nach ca. 20 Jahren), neuen Menschen begegnen.

Und dann war es viel einfacher, als ich mir das jemals ausgemalt hätte. Zumindest anfangs!

Erst einmal fiel ein riesiger Felsbrocken von meinen Schultern, und ich fing langsam wieder an zu atmen. Es fühlte sich gut an, richtig gut!

Aber dann, so ganz schleichend, rutschte ich wieder in ein Leben, was ich SO doch eigentlich gar nicht wollte.

Doch, er ist noch da, der **Kick**!

Das Besondere an ihm ist, wenn du ihn einmal hattest, wird er dein Begleiter bleiben und dafür sorgen, dass du nicht mehr lange in Situationen feststeckst, die dir nicht gefallen und die dich NICHT glücklich und zufrieden machen. Er hilft dir viel schneller wieder auf die Sprünge, um weitere Änderungen anzugehen.

Der Ausschlag bei mir war mein neuer fester Arbeitsplatz in Wien. Mir wurde recht schnell klar, warum ich den größten Teil meines Lebens selbstständig unterwegs war.

Mit allen Höhen und Tiefen ist die Selbstständigkeit, für mich, die einzig wahre Art, sein Leben finanziell zu bewältigen. Fürs SKLAVENTUM, um es mal überspitzt auszudrücken, bin ich einfach nicht gemacht, und es war die reinste Hölle für mich!

Bitte nicht falsch verstehen ... ich weiß, es ist ein wenig provokant ausgedrückt, doch handelt es sich um meine ganz eigene Empfindung, was das Arbeitsleben angeht. Heißt aber nicht, dass es bestimmt auch ganz viele glückliche

Arbeitnehmer dort draußen gibt. Und ich freue mich für jeden Einzelnen, der seinen Traumjob auch arbeiten kann. Doch ich bin als Freigeist auf die Welt gekommen, und mit Arbeitstrott kann ich überhaupt nicht umgehen.

Ich brauche Herausforderungen, springe gerne ins kalte Wasser und kämpfe für das, was mir wichtig ist. Das bringt natürlich auch mit sich, dass ich schon richtig böse auf die Nase bekommen habe, und manchmal glaube ich, dass ich das brauche, um mich lebendig zu fühlen.

Eigentlich total crazy, aber das bin Ich!

Und heute bin ich davon überzeugt, dass jede einzelne schlechte Erfahrung oder Enttäuschung, ob im Geschäfts,- oder Gefühlsleben seinen Sinn hatte, um mich mit meinem wahren Ich auseinanderzusetzen, an mir zu arbeiten, meine Glaubenssätze zu überprüfen und gegebenenfalls zu ersetzen. Mit dem Wissen, dass einfach etwas Besseres auf mich wartet, und ich es ohne diese

Erfahrungen, nie bekommen würde. Hätte mich diese Erkenntnis nicht erreicht, ich wäre sicher in einer bösen Depression gelandet oder auch Schlimmeres ... denn es waren Dinge dabei, die mich völlig aus der Bahn geworfen haben.

Doch habe ich mir das regelrecht verboten, mich vor den Spiegel gestellt und mir selber ein Versprechen gegeben: „Du wirst nicht als verbitterte und traurige Frau enden, erwecke die Petra wieder zum Leben, die du doch in Wirklichkeit bist ... mutig, stark und entscheidungsfreudig"!

Und dies war der Start und der Anfang zum ...

„Duft der Freiheit"

Nach meinem 1. Bewusstseins-Kick habe ich angefangen, mich sehr intensiv mit „Gesundheit durch Ernährung" zu beschäftigen und nehme ausgezeichnete Nahrungsergänzungsprodukte zu mir. Also an meinem körperlichen Wohl-befinden mangelt es schon lange nicht mehr. Ich fühle mich vital, gesund und putzmunter bis zum heutigen Tage, und dafür bin ich sehr dankbar!

Aber an meinem Seelenleben, also Zufrieden-heit und Unabhängigkeit, musste ich dringendst wieder arbeiten. Also habe ich mir überlegt, wie ich mein Hobby, „Gesundheit durch Ernährung", zu meinem neuen Arbeitsplatz machen kann. So bin ich dann nach langem Suchen und Überlegen auf das Geschäftsmodell „Network Marketing" gestoßen.

Heute kann ich sagen, es war die beste Ent-scheidung in meinem Leben!
Es ist für jedermann umsetzbar, zumindest, wenn man bereit ist, sich nochmal komplett neu auszubilden, um in dieser Branche erfolgreich arbeiten zu können.

Und das Allerschönste an dieser Entscheidung ist, dass es einen Sinn hat ... ich habe die wunderbare Möglichkeit, den Menschen einen Mehrwert zu bieten!

Und ich kann meine wahre Bestimmung ausleben, bedeutet, die Wanderschaft durch unsere einzigartige, schöne Welt ... Schauen – Staunen - Bleiben - Weiterziehen.
Und natürlich Arbeiten. Wobei das Wort Arbeit hier einen ganz anderen Stellenwert bekommt!

Nur zum Verständnis, Wanderschaft im übertragenen Sinne. Bei mir bedeutet es, Wanderschaft auf vier Rädern. Ich könnte es auch „Nomadentum" nennen.

Mein Motiv, diese Zeilen zu schreiben, ist natürlich der Wunsch, meine eigene Geschichte aufzuarbeiten und zu verarbeiten ... doch auch, weil mir immer mehr Menschen begegnen, die unzufrieden und unglücklich durchs Leben gehen. Ihnen möchte ich Mut machen, auch mal, genau wie ich, über „neue Wege" nachzudenken und sich nicht einfach mit der jeweiligen Situation „abzufinden".

Denn wenn wir mal ganz ehrlich sind, ist dieses Leben für den großen Teil der Bevölkerung auch nicht mehr sehr lustig. Das Geld wird immer weniger, der Leistungsdruck immer höher! Wir leben in einer Welt des Überangebots, der Überflutung von Luxus + Schönheit, doch nur die Wenigsten können sich dieses Leben noch leisten. Für den großen Teil der Bevölkerung bleibt das Massenangebot. Nehmen wir nur das Beispiel Ernährung. Massenviehzucht, Treibhausgemüse, chemische Zusätze, Fast Food. Gesundes, biologisch angebautes Gemüse und Obst, Weidetiere? Für die Wenigsten bezahlbar!

Oder das Thema Reisen. „All inclusive" ist angesagt! Eine Erfindung, die für mich vielleicht noch für Familien mit Kindern nachvollziehbar ist, aber das war es auch schon! Ansonsten hat dieses „Urlaubssystem" einfach nur sehr viel Flair des entsprechenden Landes zerstört, kleine Bars, Cafes oder Restaurants ans Existenzminimum gebracht und mit der Zeit komplett verschwinden lassen.
Wo bitte bleibt da die Lebensqualität?

Fernsehen? Zu 90% Volksverdummung!
Kinder? Wer kann sie sich noch leisten?

Beziehungen leiden, Trennungen sind vorprogrammiert!

Viele Menschen schwimmen mit diesem Strom, finden sich ab und haben sich das Denken regelrecht abgewöhnt. Ok, auch ne Möglichkeit, aber nicht für mich und auch nicht für die Menschen, die sich gerade die Zeit nehmen, diese Zeilen zu lesen.

Ich weiß, es gibt sie noch, diese „Helden" unserer Zeit! Unser Leben ist einfach zu wertvoll und zu absehbar, als das man zulassen darf, dahinzuvegetieren und sich abzufinden. Es gibt immer für Alles und Jeden eine Lösung. Man braucht einfach den Mut, sich dieses auch bewusst zu machen und zu handeln.

Es heißt so schön, man muss seine „Komfortzone" verlassen, hmm ... aber was ist denn daran noch „Komfort" zu nennen? Aufstehen, 8 Stunden für einen Job ackern, der einem eigentlich überhaupt keinen Spaß mehr macht, nach Hause gehen, essen, fernsehen, schlafen. Und dann schon sonntags das nächste Weekend herbeisehnen?

Sorry, aber für mich hat das NICHTS mehr mit Komfort zu tun!

Das Allerwichtigste, dass mich die letzten Jahre gelehrt haben ist, dass man keine Erwartungen haben sollte. Erwartungen sind das größte Übel, dass man sich selbst antun kann, weil sie meistens eine Enttäuschung mit sich bringen.

HABE HOFFNUNGEN, **ABER NIEMALS** ERWARTUNGEN. DANN ERLEBST DU VIELLEICHT WUNDER, ABER NIEMALS ENTTÄUSCHUNGEN.

FRANZ VON ASSISI

Ich hatte immer große Erwartungen ... was mein Business betraf, was mein Leben betraf und an Menschen in meinem nächsten Umfeld. Das Resultat war abzusehen, eine Enttäuschung jagte die nächste. Und ich war oft deprimiert und traurig. Doch, ob du nun glaubst oder nicht, Facebook hat mir sehr dabei geholfen, endlich wach zu werden. Hört sich verrückt an? Vielleicht, aber wenn man dieses Tool mal von seiner durchaus positiven Seite betrachtet, muss man zugeben, dass sich hier ganz viele tolle Menschen mit wunderbaren Blogbeiträgen, Geschichten, Erfahrungen und Buchempfehlungen rumtummeln, und ich habe viele dieser Beiträge gelesen und mir Gedankenanstöße holen dürfen. Und das hat mich endlich wachgerüttelt. Wenn du keine Erwartungen an Nichts und Niemanden hast, passieren die tollsten Dinge, und es gibt einfach keinen Grund mehr, enttäuscht zu sein.

Es ist sehr befreiend!

In den letzten Jahren ist so mächtig viel passiert, zum Beispiel, dass ich meinen Traum, im Road-Cruiser zu leben und zu arbeiten, echt verwirklichen konnte. Und das ganze dreißig Monate, die ich in einem mobilen Appartement leben durfte.

Traumhaft!

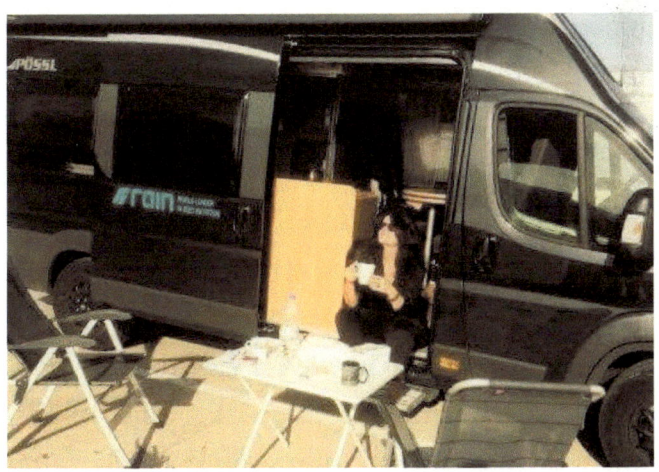

Und den Weg dorthin, möchte ich nun gerne mit Euch teilen, um vielleicht dem ein oder anderen Mut zu machen, auch den Schritt in eine selbstbestimmte Zukunft zu wagen!

Wie bereits oben erwähnt, habe ich angefangen, mich mit der Branche „**Network Marketing**" zu beschäftigen. Eine Branche, die leider immer noch in ein schlechtes Bild gesetzt wird, wenn man sich mal ein bisschen bei Google umschaut. Schlechte Erfahrungen macht man aber nur, wenn man uninformiert und leichtgläubig jedem Hype nachrennt, der schnelles und leichtverdientes Geld anpreist.

So ist es einfach **NICHT**!

Network Marketing ist wie ein Beruf anzusehen, indem du wieder viel lernen darfst, Bereitschaft zur eigenen Persönlichkeitsentwicklung haben solltest und jede Menge Geduld und Disziplin mitbringen musst, um auch mit Rückschlägen fertig werden zu können.

Und genau diese Dinge durfte ich auf meinem Weg lernen.

Ich bin als Frischling an ein Unternehmen geraten, wo mich zwar die Produkte begeistert haben, diese aber sehr erklärungsbedürftig waren ... für einen Anfänger, wie ich es war, recht schwer umzusetzen. Zumal die Teamunterstützung so veraltet war, dass ich überhaupt keinen Spaß entwickeln konnte. Das Einzige, was von mir gefordert wurde, war eine Namensliste mit 100 Personen aus meinem nächsten Umfeld. Also Familie, Freunde, Arbeits/Sportkollegen, und damit nicht genug, auch die Freunde und Freundesfreunde dieser aufgeführten Personen.

Das war dann mal gar nichts für mich, das Thema auch schon wieder durch, und natürlich mit der ernüchternden Meinung: „Network Marketing ist nichts für mich"!

Doch zu meinem großen Glück, bin ich auf ein Ebook gestoßen, dass den sensationellen Titel trägt:

Network Marketing- Vergiss deinen warmen Markt!

https://www.amazon.de/dp/B00VP1QS7M

Ich kann es Dir nur ans Herz legen ... es ist für 5.99 € bei Amazon zu bekommen, und für mich eins der besten deutschsprachigen Lernbucher für alle Networker und die, die es noch werden wollen, was es auf dem Markt gibt! Ich habe es verschlungen und immer wieder gelesen. Endlich mal Jemand, der die Namensliste NICHT für den Marketing-Gott hielt.

Und so habe ich angefangen, diese Branche zu arbeiten und zu lieben.

Es folgten dann viele weitere Bücher von bekannten Network-Autoren, wie z.B. Eric Worre, Napoleon Hill, Robert Kyosaki und Jim Rohn, die mein Bewusstsein auf ein ganz neues Niveau hieften.

Vor allem ein Satz aus dem Buch von Eric Worre „Go Pro" hat mich aufgerüttelt...er stellt darin folgende Frage: Es gibt 3 Kategorien von Networkern ... zu welcher Kategorie willst du gehören?

Mit meinen Worten wiedergegeben:

1. Willst du NM ein bisschen spielen und dir ein paar Euros dazuverdienen?

2. Willst du als Amateur mehr recht als schlecht durch diese Branche dümpeln und dich mit ein paar Hundert Euro zufriedengeben, jeder „grüneren" Wiese nachrennen, um letztendlich doch wieder zu scheitern und neu anzufangen? Oder …

3. Willst du Network Marketing Profi werden, der sich ein großes Team aufbaut, seine Partner in den Erfolg führt und nebenbei ein wunderbares passives Einkommen aufbauen kann, wo die Höhe nur du allein durch deinen Fokus und deinen Einsatz bestimmst?

Meine Antwort kannst Du Dir bestimmt denken? NA KLAR, ich will ein Profi werden!!!! Ab diesem Tag habe ich begonnen, Network Marketing von der Pike auf zu lernen! Ein ganz schön langer und steiniger Weg, auf dem ich viel gelernt, viele falschen Entscheidungen getroffen habe, wieder aufgestanden bin, bessere Entscheidungen getroffen habe, Macher gefunden, die mit mir durchgestartet sind, aber auch viele Schnagger, die sehr schnell als Luftblase endeten. Ich habe Seminare besucht, viel gelesen und das Wichtigste, ich habe jeden Tag, mind. 2-3 Stunden nach Feierabend, sehr fokussiert an meinem Ziel gearbeitet.

Das 2. Unternehmen, für das ich mich entschieden hatte, war ziemlich cool. Es ging um gesunde, vegane und zuckerfreie Schokolade ... hört sich doch klasse an, oder? Das war es auch und ich habe eineinhalb Jahre mit Eifer für dieses Unternehmen gearbeitet, bis es dann letztendlich von heut auf morgen aus betriebswirtschaftlichen Gründen vom europäischen Markt verschwunden ist!

BÄÄÄM ... erst einmal ein ziemlicher Schock!

An dieser Stelle muss ich erwähnen, dass ich zu der Zeit bereits meinen Job gekündigt hatte und eine Auszeit in Andalusien genoss.

Hier möchte ich kurz etwas ganz Wichtiges nicht unerwähnt lassen: wenn Du Dich für diese Branche entscheidest, bitte arbeite sie solange nebenbei, bis Du MINDESTENS Dein Einkommen der Festanstellung verdienst, oder eher das Doppelte. Die schlechteste Voraussetzung, um erfolgreich zu werden ist, mit finanziellem Druck zu arbeiten. Auch hier spreche ich aus meiner eigenen, nicht so schönen Erfahrung.

OK, aber jetzt weiter mit meiner Geschichte...

Dann kamen erst einmal keine wirklich rosigen Zeiten, und die Überlegung war ... WAS tun, mit WEM tun und WO tun????

Find your own way ...

Zuerst kam die Entscheidung über das WO ... ok, es konnte eigentlich nur Berlin sein ... eine weltoffene Stadt mit weltoffenen Menschen und großer Community in Sachen Network Marketing.

Mit den restlichen paar Euro und einem uralten Auto auf nach Berlin. Wohnung finden, puuuh, absolut nicht einfach ... ohne Arbeit und mit wenig Geld. Also bei AirBnb geschaut und nen alten Wohnwagen gefunden, der auf einem kleinen Grundstück stand und über eine „Außendusche" verfügte ... bedeutet: ein mit Bambusmatten errichtetes Duschplätzchen, einer duscht, der andere klettert von aussen mit Gießkanne bewaffnet auf die Leiter und spielt den Duschmeister...

*LACH - Kein Scherz - und glaube mir, ich möchte auch diese Zeit nicht missen. Es war bezahlbar, wir hatten ein Dach über dem Kopf, alles gut!

In Berlin dann auch erst einmal wieder einen Fest Job angenommen, Wohnung für 6 Monate gesucht und gefunden, denn länger war dieser „Zustand" einfach nicht geplant, und so kam es dann auch!

Auch wenn es sich ein wenig abgedroschen anhört, doch der Spruch „Wenn eine Türe zugeht, öffnet sich eine Neue und oftmals auch Bessere", stimmt einfach!

Was tun?

Es kam das 3. Unternehmen, für das sich dieser ganze Weg gelohnt hatte und das den Weg in die Freiheit ebnete!

Alles was vorher passiert war, musste genau so sein, um zu lernen und besser zu werden, um für das bereit zu sein, was kommen sollte. Von da an, es war Ende Mai 2015, ging es nur noch aufwärts ... Wir konnten Produkte anbieten, die es so noch nicht gab, die sofortige Ergebnisse bringen und die Menschen zuhören ließen. Besser kann man es in dieser Branche nicht antreffen.

Eine Unternehmensführung wie aus dem Bilderbuch, ethisch, geradlinig, unterstützend – YESSS

Danke Universum!

Nach 6 Monaten, wie vorausgeplant, ging bereits ein großer Traum in Erfüllung ... raus aus dem Job, raus aus der Wohnung und Einzug in den 1. Road-Cruiser „Blacky", gemietet für 1 Jahr, und das Leben als „**Networker on Tour**" nahm seinen Lauf!

Ich kann Dir nicht wirklich beschreiben, wie glücklich ich war und mich auf die geplante „Europa-Tour" gefreut habe!

Die erste Tour ging über Österreich, Ungarn, Kroatien, Italien, Frankreich wieder nach Spanien, genau gesagt, Tarifa. Es ist und bleibt mein absoluter Favorit, ein Diamant an der Costa de la Luz … keine Touri-Bauten, sondern ausschließlich Natur pur.

Dieses Stück Erde hat mein Herz im Sturm erobert!

Da wir in Spanien selbst noch nicht 100% arbeiten konnten, heißt, der spanische Markt noch nicht eröffnet war, und in unserer Branche der Mensch zu Mensch Kontakt sehr wichtig ist, ging es dann nach einigen Wochen wieder zurück Richtung Deutschland.

Das Schöne am Leben im Cruiser ist, dass man natürlich auch viel flexibler arbeiten kann.

Ein Beispiel:
wenn ich weiß, ich bin nächste Woche im süddeutschen Raum, dann konzentriere ich mich auf Kontakte und Partner aus dieser

Region. Mit Interessenten habe ich dann die Möglichkeit, mich auf einen Kaffee zu treffen und ihnen meine Produkte und das Geschäftsmodell dahinter live und in Farbe vorzustellen.

Der ganz große Vorteil liegt in meinen Augen aber darin, dass man sich persönlich kennenlernt und sehen kann, ob man ähnlich tickt und man sich eine Zusammenarbeit vorstellen könnte. Wenn es nicht an dem ist, habe ich zumindest einen, eventuell, wunderbaren neuen Menschen kennengelernt.

Ich sag dir, das ist natürlich Gold wert, und hat meine Arbeit sehr erleichtert.

Zum anderen, meine Partner vor Ort unterstützen zu können .... Geschäftspräsentationen, gemeinsame Messeauftritte, Team-trainings veranstalten usw … unbezahlbar!

Aber ich möchte natürlich auch Niemanden abschrecken, für den diese Lebensform nichts ist und der sein Geschäft lieber auf heimischen Boden aufbauen möchte ... natürlich genauso gut möglich! Und persönliche Treffen sind ja auch im näheren Umfeld kein Problem und gut umzusetzen. Ich wollte damit nur sagen, dass ich durch meine Lebensart einfach ein wenig flexibler bin.

Doch gibt es auch einen großen Vorteil für ortsansässige Partner mir gegenüber. Dadurch, dass sie ständig vor Ort sind, können sie viel erfolgreicher mit ihrem direkten Umfeld arbeiten. Sie sind jederzeit persönlich greifbar und erreichbar, um hilfreich zur Seite stehen zu können. Das ist halt bei mir nicht so gut umzusetzen, dafür bleibe ich einfach nicht lange genug an einem Ort!

Also du siehst, es hat nicht nur Vorteile, so zu arbeiten, wie ich es tue. Aber es kann auch gar nicht genug „Nachteile" für mich geben, als dass ich dieses Leben aufgeben möchte. Ich liebe diese Art zu leben und zu arbeiten viel zu sehr und möchte noch so viel sehen ... z.B. Schottland/Irland – Skandinavien - die kroatische Küste - Griechenland und die Peleponnes, vielleicht sogar mal hoch Richtung St. Petersburg, und zurück über Estland und Lettland ....

Ja, das waren alles mal Pläne, die gemacht wurden, aber wie Ihr ja bestimmt wisst ... „wenn du anfängst Pläne zu schmieden, lacht das Schicksal sich kaputt"

Und glaube mir, da ist was dran!

Es sind viele Pläne und Träume einfach so geplatzt und meine Traurigkeit darüber war und ist teilweise noch ziemlich groß.

Aber, es ist wie mit der Tür ... geht Eine zu, macht sich eine Größere und Bessere wieder auf, und ich bin halt gerade auf dem Weg, diese Tür zu finden!

„Der Weg ist das Ziel"!

Nun möchte ich noch auf ein paar Argumente eingehen, die Interessenten mir entgegenbringen ...

Oft kommt der Spruch ... **"ich bin kein Verkäufer, und möchte es auch nicht werden"**

Da kann ich nur sagen ... SEHR GUT!!!

Das überrascht Dich sicher, doch dieses Geschäft ist NICHTS für Verkäufer, erstaunt?

Ein erfolgreicher Networker hat mal gesagt: „Wenn ein geborener Verkäufer im Network Marketing erfolgreich sein will, muss er zuerst alles vergessen, was er übers Verkaufen weiß".

Im Network Marketing geht es darum, Informationen weiterzugeben und persönliche Geschichten zu erzählen, und NICHT um knallhartes Verkaufen. Es geht auch darum, dass man sich darum kümmert, den Partnern, die vertrauensvoll deinem Team beigetreten sind, zum Erfolg zu verhelfen.

Der Schlüssel zum Erfolg beim Verkaufen liegt darin, was man TUN kann, doch der Schlüssel zum Erfolg im Network Marketing liegt darin, was man DUPLIZIEREN kann! Es geht nicht darum, was Du selbst tun kannst ... es geht darum, was Du duplizieren kannst, heißt, Du solltest das Geschäft so aufbauen, dass jeder Einzelne Deiner Teampartner es leicht kopieren kann. Warum? Wenn sie Deine Arbeitsweise kopieren können, und Du diesen Erfolg vorlebst, dann geschieht es bei ihnen automatisch auch, irgendwie logisch oder?

Und jetzt habe ich noch eine kleine, aber feine Geschichte von Napoleon Hill gefunden, die wunderbar beschreibt, worauf es wirklich ankommt. Nicht die Produkte oder das Unternehmen den Ausschlag beim Interessenten ausmachen, sondern Du … Deine Persönlichkeit entscheidet, ob Du erfolgreich wirst oder nicht!

Persönlichkeitsentwicklung ist in meinen Augen die Königsdisziplin in dieser Branche, und bekommt später noch einen wichtigen Part in diesem Buch.

Und hier jetzt die kleine Geschichte von Napoleon Hill!

Es ist vielleicht ungewöhnlich und nicht für jeden nachvollziehbar, dass ich sie in dieses Buch hineineinsetze, aber ich finde sie faszinierend genug, um es einfach mal zu tun.

„In Chicago leitete ich mal eine Verkäuferschule für eine Versicherungsgesellschaft, die über 1500 Vertreter beschäftigt hatte. Damit diese große Organisation immer genügend Personal hatte, mussten jede Woche 600 neue Vertreter geschult werden. Unter den tausenden, die diese Schule absolvierten, gab es nur einen einzigen Mann, der die Bedeutung des hier beschriebenen Prinzips auf Anhieb verstanden hatte.

Dieser Mann hatte noch nie zuvor versucht, Versicherungen zu verkaufen und gab freimütig zu, dass er weder Verkäufer noch Vertreter sei. Sehen wir uns an, ob er mit dieser Selbsteinschätzung richtig lag.

Nachdem er seine Ausbildung abgeschlossen hatte, wollte ihm einer der „Starverkäufer" einen Streich spielen, da er ihn für einen leichtgläubigen Menschen hielt, der alles für bare Münze nehmen würde, was man ihm erzählte. Der „Star" gab ihm also einen „Insidertipp" und erklärte ihm, wo man besonders leicht, eine Versicherung absetzen könne. Der „Star" sagte, er würde den Abschluss normalerweise selbst tätigen, aber da es sich bei der betreffenden Person um einen Künstler handeln würde und der Abschluss nur eine Formsache sei, wolle er damit nicht seine Zeit verschwenden.

Der Neuling war für diesen „Tipp" dankbar und machte sich auf den Weg. Kaum hatte der Neuling das Büro verlassen, versammelte der „Star" die übrigen „Stars" und weihte sie in seinen Streich ein. In Wirklichkeit sei dieser Künstler ein sehr wohlhabender Mann und der „Star" habe selbst bereits seit Monaten vergebens versucht, ihn zu einer Police zu überreden. Als bekannt war, um wen es sich handelte, räumten auch die anderen „Stars" ein, dass sie bei diesem Mann auf Granit gebissen hätten.

Der frischgebackene Vertreter war nun seit eineinhalb Stunden weg. Als er zurückkehrte, erwarteten ihn die „Starvertreter" bereits grinsend. Der Neue lächelte ebenfalls. Die „Stars" blickten sich fragend an, denn sie konnten sich die gute Laune des Grünschnabels nicht erklären.

„Nun, wie ist es gelaufen?" wollte der Streichespieler wissen.

„Sehr gut!" antwortete der Frischling, „in der Tat ist der Künstler genau so wie du ihn mir beschrieben hast. Ein wahrer Gentleman und ein sehr interessanter Mann".

Dann griff er in die Hosentasche und zog einen Scheck über 2000 Dollar hervor.

Die „Stars" wollten wissen, wie er das geschafft habe.

„Oh, das war eigentlich kinderleicht. Ich bin einfach hineingegangen und dann hat er von sich aus mit Versicherungen angefangen. Er sagte, er wollte eine abschließen. Das hat er dann auch getan".

Als mir dieser Vorfall zu Ohren kam, ließ ich diesen neuen Vertreter zu mir rufen und bat ihn, mir haargenau zu beschreiben, wie es zu diesem Abschluss gekommen sei. Er schilderte mir folgendes:

Als er in das Studio des Künstlers gekommen war, fand er ihn bei der Arbeit an einem Gemälde vor. Er war so in seine Arbeit vertieft, dass er nicht bemerkte, dass der Vertreter eingetreten war. Der Vertreter stellte sich so hin, dass er das Gemälde sehen konnte. Dort blieb er wortlos stehen.

Dann bemerkte ihn der Maler. Der Vertreter entschuldigte sich für sein Eindringen und sprach über das Gemälde, das der Künstler malte!
Er hatte gerade genug Ahnung von Kunst, um mit einigermaßen Sachverstand etwas Intelligentes zu sagen. Und er war ernsthaft interessiert an dem Thema. Das Gemälde gefiel ihm und dies sagte er dem Künstler, was Diesen nicht gerade verärgerte. Beinahe eine Stunde lang unterhielten sie sich nur über Kunst, vor

allem über das Gemälde, das auf der Staffelei stand.

Dann erkundigte sich der Künstler nach dem Namen seines Besuchers und nach seinem Anliegen. Und der Verkäufer erwiderte; „Ach, mein Beruf ist nicht so wichtig. Sie und Ihre Kunst sind viel interessanter!

Muss erwähnt werden, dass dies die Stimmung des Künstlers noch mehr verbesserte? Diese Worte waren Honig für die Ohren des Malers. Und so beharrte er darauf, von seinem höflichen Gast zu erfahren, welchem Beruf dieser nachginge.

Offenbar widerstrebend stellte sich der Verkäufer vor und sagte, in welcher Branche er beschäftigt war. Er erklärte kurz, welche Art von Policen er vertrieb, und der Künstler hörte aufmerksam zu.

„Nun gut, ich war offenbar im Irrtum. Kollegen von Ihnen haben bereits versucht, mir Ihre Leistungen zu verkaufen, aber sie sprachen nur übers Geschäft. Ich muss gestehen, dass sie mir ziemlich auf die Nerven gingen, weshalb ich jeden einzelnen bitten musste, mir nicht noch mehr Zeit zu stehlen.

Einer war besonders aufdringlich, ein gewisser Perkins ... (DAS WAR DER STAR-VERKÄUFER)!!!!!

Aber Sie machen mir einen wesentlich sympathischeren Eindruck und stellen die Sache ganz anders dar! Deshalb will ich Ihnen den Abschluss gerne zukommen lassen.
Darum ging es: „Sie stellen die Sache ganz anders dar!"

Auf welche Weise stellte dieser neue Vertreter die Sache anders dar? Hat er diesem Künstler wirklich eine Versicherung verkauft? Oder hat er ihm nicht vielmehr sein eigenes Gemälde verkauft?

Die Versicherung war nur eine Nebensache!!!!

ENDE

Ich finde diese Geschichte faszinierend, weil in ihr alles enthalten ist, was auch einen Network Marketing Profi ausmacht. Er verkauft nicht sein Produkt oder sein Geschäftsmodell, nein, er verkauft seine wunderbare Persönlichkeit, seine Menschlichkeit und sein Interesse an seinem Gegenüber.

Es gibt in unserer Branche NICHTS Wichtigeres, als zu lernen, zuhören zu können, sich zurückzunehmen, sich nicht so wichtig zu nehmen, sein EGO zurückstellen zu können. Dein Gegenüber, also Dein Interessent ist wichtig, lass ihn reden, lass ihn SEINE Geschichte erzählen. Jeder Mensch erzählt gerne über sich, aber es gibt kaum noch Menschen, die bereit sind, ihnen richtig und auch gerne zuzuhören ... das eigene Ego ist meist mächtiger!

In meinem Fall, also des Produktvertriebes, nochmal zusammengefasst: der 1. Schritt ist, dass Du eine eigene Produkterfahrung hast, ob es nun besserer Schlaf, Leistungssteigerung im Sport, Migränebekämpfung, bessere Haut,

Gewichtsoptimierung oder was weiß ich ... die Möglichkeiten der Veränderung hat kaum Grenzen. Es ist sehr wichtig, dass Dich das Produkt begeistert, und Du Dich damit voll identifizierst!

Hast Du dann diese Eine positive Erfahrung gemacht, was tust Du automatisch? Richtig, Du erzählst DEINE eigene Geschichte und trägst sie in die Welt.

Das ist eigentlich das größte Geheimnis im Produktmarketing, so wie ich es betreibe. Und glaubt mir Eins, wenn ich Verkaufen müsste, wäre ich schon längst verhungert ... ABER meine Geschichte erzählen, das kann ich!

Doch was ist noch wichtiger, als Deine Geschichte? Genau, das hat uns die kleine Geschichte von Napoleon Hill gelehrt ... ZUHÖREN! Du darfst Zuhören lernen, und Deinem Interessenten die Möglichkeit geben, seine Geschichte zu erzählen, und glaub mir, die meisten Menschen freuen sich, wenn sich jemand dafür interessiert und sich die Zeit nimmt. Dann sind sie auch viel eher bereit, sich Deine anzuhören!

Das Nächste, was auch gerne als Argument kommt … **"ich kann das nicht, ich schaffe das nicht, ich traue mir das nicht zu!"**

Das Aller Allerwichtigste, um die Geduld, den Fleiß und auch das Selbstbewusstsein für auftretende Rückschläge aufzubringen, ist Dein **WARUM!!!!!**

Bevor Du Dich überhaupt für diesen Sprung ins selbstbestimmte Leben entscheidest, überlege Dir ganz genau, **WARUM** Du das tun möchtest! Es muss so immens groß sein, dass Du bereit bist, ALLES dafür zu tun, um es zu erreichen. Glaube mir bitte, OHNE dieses **WARUM** wirst Du es in dieser Branche NICHT schaffen!!!

Network Marketing ist kein Kinderspiel, auch wenn es Dir viele Möchtegern-Networker da draußen weiß machen wollen … Lüge und Augenwischerei!!!

Network Marketing ist Arbeit und erst einmal nichts als Arbeit!

Es ist tägliches Lernen, täglich mit Menschen kommunizieren, täglich neue Kontakte generieren, täglich Dein Team unterstützen, täglich weiterbilden, täglich NEINs abholen. Und vor allem, täglich an DIR selbst zu arbeiten.

Investiere in Dich ... suche Dir einen Mentor, der Deine Sprache spricht, Deine Werte lebt, und der den Weg, den Du gehen möchtest, bereits erfolgreich gegangen ist. Der Dir zeigt, wie Du am Effektivsten Dein Branding und Deine Sichtbarkeit aufbaust, damit die Menschen Dich auch kennenlernen und wahrnehmen können.

Ein ganz wichtiger Punkt auf dem Weg in den Erfolg!

Dieses Business ist auf Vertrauen aufgebaut, und das solltest Du Dir bei allem, was Du tust, immer vor Augen halten.

Und damit Du es erreichst und all den Hindernissen und Problemen, die sich Dir in den Weg stellen, entschlossen entgegentreten kannst, braucht es ganz ganz dringend noch eines:

MOTIVATION!

Es braucht Durchhaltevermögen, es braucht den Willen und die Entschlossenheit, seine Ziele auch wirklich zu erreichen.

> *„Nichts ist wichtiger, als die eigene Entschlossenheit. "*
>
> -Abraham Lincoln-

„Doch woher nehme ich die Motivation?" Diese Frage bekomme ich oft gestellt, und wisst Ihr was? Die Antwort ist ganz einfach …

Wenn Du Dein Ziel wirklich aus vollem Herzen erreichen willst, brauchst Du einfach dieses große, strahlend leuchtende WARUM! Weil das WARUM der Raketentreibstoff für Deinen Erfolg ist, weil Dich das WARUM antreibt, motiviert und auch mal hochzieht, wenn Du am Boden bist. Und vor allem, weil Dich das WARUM daran erinnert, weshalb Du all diese Mühe auf Dich nimmst, um Deine Ziele zu erreichen und dass Dich so schnell nichts und niemand aus der Bahn werfen kann. Du wirst unerschütterlich Deinen Weg fortsetzen, und Deinem Erfolg wird nichts im Wege stehen. Es passiert einfach!

Mein WARUM kennst Du bereits, ich habe es ganz zu Anfang geschrieben ... es ist die FREIHEIT, so leben zu können, wie mir es gefällt und mich glücklich macht, ohne frustrierende Abhängigkeiten. Dort zu leben und zu arbeiten, wo ich mich gerade zuhause fühle, und ohne auch nur einen Menschen oder Institution fragen zu müssen, ob ich das darf!

Und ich möchte sehr viel Geld verdienen, um damit ein kleines Stück der Welt ein bisschen besser zu machen. Es gibt dort Draußen so viele tolle Projekte, die es mehr als lohnt, zu unterstützen ...

Ich weiß, hört sich schwer nach „Gutmensch"
an … dieses Wort wird täglich und immer
mehr, z.B. auf Facebook, in den Dreck gezogen.
Aber wie ich meine, nur von oberflächlichen
Menschen, oder wollen die freiwillig lieber ein
„Schlechtmensch" sein?

Glaube mir, mein WARUM könnte nicht
stärker sein … ich habe mir geschworen,
NIE mehr in eine frustrierende Abhängigkeit
zu geraten, und darum bin ich diesen Weg
gegangen, habe alle Felsbrocken, die mir vor
die Füße gelegt wurden, überwunden, und
gehe immer weiter, bis ich mein Ziel erreicht
habe!

Aber es gibt auch noch einen ganz wunderbaren
Nebeneffekt in dieser Branche, den ich
unbedingt noch erwähnen muss!

Network Marketing ist ein Mensch zu Mensch
Geschäft, gerade, wenn du mit Produkten
arbeitest, und das ist genau DAS, was ich an
meinem Job so liebe … der tägliche Kontakt
mit immer neuen Menschen. Glaub mir, es ist

faszinierend, wie viele tolle Persönlichkeiten Du treffen wirst, und wie viele neue Freundschaften daraus entstehen!

Meine, heute mit besten Freunde, habe ich vor 2 Jahren noch gar nicht gekannt, aber diese tolle Branche hat uns zusammengebracht, und ich bin sehr glücklich darüber!

Aber natürlich wirst Du auch immer wieder auf ignorante Schlaumeier treffen, die Dir alles, woran Du glaubst und wofür Du brennst, schlecht reden wollen. Jaaa, das gehört auch dazu, aber Du wirst so schnell lernen, mit diesen Menschen umzugehen, ihnen ein schönes Leben zu wünschen und weiterziehen.

Denn weißt Du was?

Die nächsten tollen Menschen warten schon auf Dich!

Und genau die letzten Abschnitte bringen mich zu dem, wie bereits angekündigt, wichtigsten „Lehrfach" im Network Marketing, es ist die **Persönlichkeitsentwicklung!!!**

Und damit kommen wir zu dem überhaupt wichtigsten Punkt in diesem Buch, und ich werde mir nun besonders viel Mühe geben, Dir näherzubringen, was genau ich damit meine.

Fakt ist, dass wir einer Nation angehören, die gerne alles bis ins Kleinste „verdenkt", anstatt auf Dein Herz und Dein Bauchgefühl zu hören, um Deine wahren Träume und Visionen zu verwirklichen. Du hörst lieber auf die bescheidene und vernünftige Stimme in Deinem Kopf und hälst an Deinen, von Kindheit geprägten, Glaubenssätzen fest, anstatt an Dich zu glauben und einfach das tun, was Du Dir wirklich wünschst. Und während

Du das machst, ist dort draußen Jemand, der mutig genug ist das zu tun, was Du verzweifelt versuchst zu unterdrücken.

Wenn Du nur etwas mehr Vertrauen hättest, dann wären so viele Dinge möglich, von denen Du glaubst, dass sie, für Dich, unmöglich sind.

Alle sagten: Das geht nicht. Dann kam einer, der wusste das nicht und hat's gemacht.

Du solltest einfach ein wenig risikofreudiger sein und einige Ungewissheiten in Kauf nehmen und sie als Motivation nutzen, um Dich dahin zu bringen, wo Du doch eigentlich hinwillst, anstatt davor Angst zu haben. Du solltest von der nicht wirklich gesunden Gewohnheit Abschied nehmen, immer irgendwelche Gründe zu finden, warum etwas nicht funktionieren könnte, nur weil Du Angst vor dem Resultat hast.

Ich bin schon wirklich oft gescheitert auf meinem neuen Weg, doch irgendwie bin ich auch jedes Mal wieder stärker daraus hervorgegangen. Warum? Weil ich aus diesen Fehlern auch lernen durfte und dann die Möglichkeit hatte, es besser zu machen.

Und hier gehe ich mal auf 5 Gründe ein, wie Deine Zweifel Deine Träume töten können ...

Der erste Grund ist, dass Dein Verstand Dir einredet, dass Du nicht gut genug bist!

Es ist doch so viel einfacher, über Deine Schwächen nachzudenken, als über Deine Stärken, stimmt s?

Deine Stärken anzuzweifeln erlaubt Dir, etwas konsequent abzulehnen, es also gar nicht erst zu versuchen. Warum? Na, ganz einfach, wenn Du es nicht versuchst, kannst Du auch nicht scheitern. Doch was sich jetzt so wahnsinnig logisch anhört, ist doch, wenn Du mal ehrlich bist, einfach nur eine dumme und vor allem bequeme Ausrede!

Wenn ich da jetzt so an mich selber denke, fällt mir da auch so das ein oder andere ein...und wenn ich ehrlich bin, hatte ich nur meist keine Lust dazu, es einfach mal zu probieren.

Der 2. Grund ist, dass Du dir Sorgen machst, was wohl Dein Umfeld, Deine Freunde und Familie ... und vor allem DIE LEUTE von Dir denken, wenn Du Dich auf einmal

veränderst, und Du Deinen ganz eigenen Weg einschlägst.

Ich sag Dir eins ... die LEUTE, die das nicht akzeptieren und oder auch noch schlecht hinter Deinem Rücken reden, passen sowieso nicht zu Dir, und Du solltest vielleicht mal überdenken, ob sie wirklich noch in Dein Leben gehören!

Ich, für meinen Teil, habe mich im Laufe der Zeit von einigen Menschen distanziert, die mir nicht gutgetan haben, die nicht bereit waren, sich weiterzuentwickeln, die mir positive Energie geraubt haben, und viele neue Menschen gefunden, die genau wie ich, einen Traum, eine Vision haben, und die nicht bereit sind, sich der Schafherde anzuschließen ... die den Mut haben, ihren eigenen Weg zu gehen.

„Dein Leben gehört Dir!!! Also mach damit auch, was Du wirklich willst!!!"

Der dritte Grund ist, Dich mit weniger zufrieden zu geben, als Du eigentlich willst.

Ich versteh ja, dass es ein beruhigendes und auch gemütliches Gefühl ist, wenn alles ruhig den Fluss langläuft. Aber ist es mit der Zeit nicht auch verdammt stumpf? Ohne jegliche Herausforderung?

Also für mich gab es im Leben nichts Schlimmeres, als im Trott zu leben. Ob beruflich oder privat! Daher war mein Leben auch so bunt und abenteuerlich, der Preis war mir egal!

Aber es gibt doch auch noch einen anderen Fluss ... der, mit dem du deine Träume verwirklichen kannst. Er ist zwar eher mit dem Colorado River zu vergleichen, also mit starken Strömungen, unberechenbar und ... wunderschön und mega spannend! Es wird nie langweilig auf diesem Fluss, und Du bist ständig irgendwelchen Herausforderungen ausgesetzt, die Dich aber, wenn Du diesen River bewältigt hast, unsagbar stolz und glücklich machen werden.

Dazu passt eine schöne Erinnerung ...

Wir sind im Jahr 2000 den Grand Canyon zum Colorado River runter gelaufen, viereinhalb Stunden steil runter, haben einen super lustigen Abend in der Phantom Ranch mit viel kalifornischem Rotwein und ner Truppe von Gleichgesinnten verbracht, um dann nach ein paar Stündchen Schlaf, in aller Herrgotts Frühe, diesen unglaublichen Anstieg über knapp 8 Stunden zu starten … ich kann dir sagen, die letzten zwei Meilen habe ich nur noch geweint und geglaubt, dass ich keinen Schritt mehr tun könnte.

Aber als ich dann oben angekommen war und nach unten schaute … puuuh, ich kann Dir kaum beschreiben, wie glücklich und stolz ich war, diese Herausforderung gemeistert zu haben.

Ein unvergessliches Erlebnis und eine Erfahrung, die ich niemals missen möchte!

Es ist bestimmt ein wenig einschüchternd, mal etwas ganz Neues zu machen und die Angst im Nacken zu haben, dabei zu versagen. Aber worin liegt der Sinn, Dich mit weniger zufrieden zu geben, als Du eigentlich zu erreichen in der Lage bist?

Wenn Du nicht bereit bist, Deine Grenzen zu überschreiten und Deine „Komfortzone" zu verlassen, findest Du Dich damit ab, ein nicht erfüllendes Leben zu führen, was Du früher oder später oder viel zu spät sehr bereuen wirst.

Nutze Deine Angst als treibende Kraft, denn es ist ein unglaublich schönes und befreiendes Gefühl, etwas gemacht zu haben, wovor Du vorher mega Angst hattest.

Mut wird einfach immer belohnt, das hat mich mein bisheriges Leben gelehrt!

Der vierte Grund ist, die Angst, andere zu enttäuschen.

Was ist, wenn der Plan nicht aufgeht, so wie Du Dir das vorgestellt hast?

Ich bin sicher, den wirklich wichtigen Menschen in Deinem Leben, wird das nichts ausmachen, ganz im Gegenteil, sie werden Dich unterstützen, ob Du nun fliegst oder fällst! Und diejenigen, denen es etwas ausmacht, sind dann vielleicht doch nicht so wichtig!

Das Schönste ist doch, Freunde um Dich zu haben, denen Du auch weiterhin von Deinen Plänen und Visionen erzählen kannst, die Dich pushen, herausfordern und dazu inspirieren, weiter zu wachsen und zu der besten Version Deiner Selbst zu werden.

Daher ... prüfe, wer Deine wahren Freunde sind!

Der letzte, und vielleicht mit gravierendste Grund ist, die Angst zu versagen!

Angst zu haben ist bloß eine Emotion, ein momentaner Gemütszustand. Auch wenn es nicht einfach ist, aber Du bist in der Lage, Deine Gedanken zu kontrollieren.
Wir haben alle nur Angst vorm Versagen, wenn wir uns das auch so richtig schön einreden.

Nicht alles läuft nach Plan. Vieles sogar nicht, das kann ich aus eigener Erfahrung nur unterschreiben. Aber das ist auch gut so und macht das Leben auch interessant.

Du darfst der Angst nicht die Macht geben, über Dein Leben zu bestimmen und Entscheidungen zu treffen, die sich nur bequemer und sicherer anfühlen. Zu bereuen, etwas nicht gemacht zu haben, ist eines der schlimmsten Gefühle, die es gibt. Wenn Du aber an dich glaubst und viel Herzblut und Arbeit in etwas investierst, dann gibt es einfach keinen Grund für Zweifel!

Ersetze das Wort Misserfolg doch mal durch Resultate ... so empfindest Du eventuelle Rückschläge lediglich als ein Resultat, dass Du verbessern kannst.

Man kann aus fast allem Negativen auch etwas Positives machen, und schon haut es uns nicht mehr um, sondern beflügelt uns darin, besser zu werden! Denn schließlich zeigt Dir jedes negative Resultat einen weiteren Weg, wie es nicht funktioniert!

Ich möchte von mir nicht behaupten, dass ich keine Angst mehr habe, ganz im Gegenteil, aber ich habe sie mir bewusst gemacht und arbeite täglich daran, sie immer kleiner werden zu lassen. Ich weiß, es ist eine große Aufgabe ... aber das Ergebnis, auch wenn es erst einmal kleine Schritte sind, fühlt sich sehr befreiend an, und Dein Selbstbewusstsein, Dein Selbstwertgefühl dankt es Dir mit einer tollen Ausstrahlung!

Ich möchte Dich mit diesen fünf Gründen dazu motivieren, ein wenig über Dich und Deine Glaubenssätze nachzudenken, und Dich selber zu reflektieren, denn eins ist sicher, bevor Du die Entscheidung triffst, einen neuen Weg einzuschlagen, solltest Du diese fünf Zweifel weitgehend eliminiert haben. Nur so wirst Du die Stärke entwickeln, diesen Weg erfolgreich zu gehen.

Mich mit diesen Dingen zu beschäftigen und mich überhaupt darauf einzulassen, gehört zu den wichtigsten Gründen, warum ich diese Branche Network Marketing so liebe. Es hat mir geholfen, mich mit mir selber zu beschäftigen und mir in die Augen zu schauen ... unbezahlbar!

Wenn Dich meine Zeilen nun dazu gebracht haben, aus Deinem Leben endlich etwas ganz Besonderes machen zu wollen, wäre das natürlich das Größte für mich. Manchmal fehlt ja nur ein kleiner Anstupser eines Außenstehenden, um einem die Augen endgültig zu öffnen, und wenn ich es sein durfte, umso schöner!

Denn ich bin fest davon überzeugt: Das, was ich geschafft habe, schaffst Du auch, wenn … Dein WARUM groß und stark genug ist!

Und wenn ich Dir jetzt auch noch ein wenig vermitteln konnte, was es wirklich mit dieser Branche NETWORK MARKETING auf sich hat, dann würde mich das besonders freuen. Dass es ein Business ist, das Jeder, also wirklich Jeder umsetzen kann, der gerne mit und für Menschen arbeitet und wirklich den festen Willen hat, an sich zu arbeiten und bereit ist, 2-3 Jahre täglich für seine Ziele Dinge zu tun, die man vielleicht auch nicht immer gerne tut, um sich dann aber eine Freiheit aufzubauen, die mit Worten kaum zu beschreiben ist!

Aber Du siehst auch, ich will dir Network Marketing nicht Schönreden; es ist eine Herausforderung, die Dir bestimmt Einiges abfordern wird. Doch wenn DU bereit bist, diese Herausforderung anzunehmen, befindest Du Dich in der genialsten Branche, die Du Dir nur vorstellen kannst ...

Es gibt einfach KEINE Alternative, um Deine Wünsche, Träume und Ziele Realität werden zu lassen, um selbstbestimmt und frei ein glückliches Leben führen zu können! Außer Du bist Künstler, Schriftsteller oder Lotto-Millionär!

Von der „Außendusche" wieder auf die Bühne
des Lebens zu kommen?

... mit nichts zu toppen!

Ich bin sehr dankbar und glücklich, dass mich
zu einem Zeitpunkt, wo ich nicht wusste, wie
mein Leben weiter geht, mein langjähriger
Lebenspartner von dieser tollen Branche

überzeugen konnte. Und wir, trotz aller Dinge, die passiert sind, die Größe besaßen, diesen nicht leichten, aber sehr erfolgreichen Weg gemeinsam zu gehen.

Auch wenn sich unsere Wege inzwischen endgültig getrennt haben, und ich dieses schmerzhafte, aber auch sehr lehrreiche Kapitel endgültig loslassen konnte, werden uns diese Reise und die damit verbundenen Erinnerungen, für ewig verbinden.

Ich bereue nichts und würde diesen Weg im Network Marketing immer wieder gehen, weil ich für mich Eins verstanden habe ... es gibt nichts Größeres, als ein Leben führen zu können, indem du selbst bestimmst, Wie, Wo und mit Wem du es lebst.

Das nennt sich **FREIHEIT** und ist das größte Gut, was man sich selbst erschaffen kann!

Hier endet nun erstmal der Beginn meiner neuen Freiheit, doch bin ich sicher, dass noch viele Geschichten und Erlebnisse folgen werden.

Ich habe mich inzwischen erstmal von meinem „Nomadenleben" verabschiedet, und meinen Seelenfrieden in einem kleinen Ort an der spanischen Küste gefunden … biete Menschen, die sich in meiner Geschichte auf irgendeine Art und Weise wiederfinden, meine Begleitung an, ihren neuen Weg zu finden, zu wagen, und unterstütze sie, mit meinem ganzen Know How und persönlicher Erfahrung, bei der Umsetzung.

Außerdem arbeite ich natürlich auch weiterhin mit viel Freude mit meinem Network-Unternehmen zusammen, das mir diesen Weg in die Freiheit geebnet hat.

Na, und so einige lustige Pläne habe ich natürlich auch noch im Kopf und freue mich auf alles, was das Schicksal noch für mich bereithält.

Eins weiß ich ganz genau ... langweilig wird es nicht!

Ich bedanke mich sehr, dass Du mich ein Stück auf meiner Reise begleitet hast, und wünsche Dir recht bald und von Herzen, Deinen ganz eigenen ...

"BEWUSSTSEINS-KICK"

Du warst nun ein Stück weit Teil meiner Reise, und ich möchte dich jetzt, wenn Du magst, zu einem kleinen Selbst-Test einladen.

Nimm Dir etwas Zeit, suche Dir ein chilliges Plätzchen, und sei wirklich ehrlich zu Dir!

Selbst-Test!

Wie wichtig ist für Dich Freiheit?

....

....

Wie frei fühlst Du Dich jetzt in diesem Moment?

sehr - 1 2 3 4 5 6 7 8 9 - gar nicht

Was würdest du gerne an Deiner jetzigen Situation ändern?

....

....

Wie bereit bist Du, in die Veränderung zu kommen?

Sehr – 1 2 3 4 5 6 7 8 9 – gar nicht

Was bedeutet für Dich Risiko?

....

....

Wie risikobereit bist Du?

Sehr – 1 2 3 4 5 6 7 8 9 – gar nicht

Wie müsste Dein Leben sein, um Dich frei zu fühlen?

....

....

Ist es Dir wichtig, was andere Menschen über Dich denken?

Sehr – 1 2 3 4 5 6 7 8 9 – gar nicht

Wer sind Deine Vorbilder, und was bewunderst Du an diesen Menschen?

....

....

Was sind Deine größten Werte im Leben?

....

....

Fällt es Dir schwer, Dich auf Situationen einzustellen, die Dir nicht vertraut sind?

Sehr – 1 2 3 4 5 6 7 8 9 – gar nicht

Befindest Du Dich in frustrierenden Abhängigkeiten? (Ob beruflich oder privat)

Sehr – 1 2 3 4 5 6 7 8 9 – gar nicht

Bist Du bereit, nochmal etwas ganz Neues zu erlernen?

Sehr – 1 2 3 4 5 6 7 8 9 – gar nicht

Bist Du bereit, in Dich und Deine Träume zu investieren?

Sehr - 1 2 3 4 5 6 7 8 9 - gar nicht

Hast Du große Träume und Ziele, die Du unbedingt noch umsetzen möchtest? Wenn Ja, wie stark ist Dein Verlangen?

Sehr stark - 1 2 3 4 5 6 7 8 9 – schwach

Wieviel Zeit bist Du bereit, für Deinen neuen Weg aufzubringen?

....

....

Arbeitest Du bereits an Deiner persönlichen Freiheit?

Sehr 1 2 3 4 5 6 7 8 9 gar nicht

Welche Unterstützung würde Dir auf Deinem Weg helfen?

....

....

Es freut mich sehr, dass Du Dir die Zeit für diesen kleinen Test genommen hast und es wäre natürlich schön, wenn Du neue Erkenntnisse für Dich finden konntest.

Wenn Du magst, dann sende mir Deinen Test per Mail, und Du bekommst ein persönliches Feedback von mir.

Meine E-Mail lautet:
duftvonfreiheit@gmail.com

Ich freue mich auf Dich!

Deine Petra

Danksagung

Danke zu sagen, ist mir ein großes Bedürfnis, und werde dies jetzt auch ausführlich tun! Aber wo fange ich an … okay!

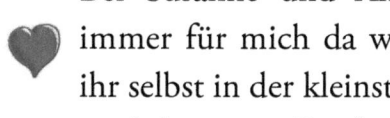

Ich bedanke mich von ganzem Herzen bei Andrea W. und Derk K., die mir zu einem ganz wichtigen Zeitpunkt begegnet sind, als es mir wirklich so richtig schlecht ging, und ich die Sonne nicht mehr wahrnehmen konnte. Ihr wart der Anfang meines neuen BewußtSeins … Danke!

Bei Susanne und Andreas P., das ihr immer für mich da wart und seid, und ihr selbst in der kleinsten Hütte Platz für mich hattet … Danke!

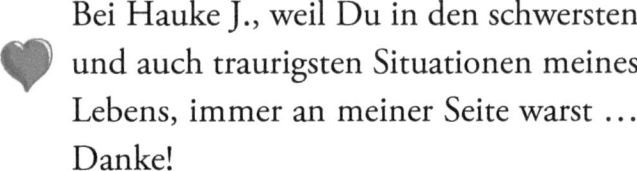 Bei Hauke J., weil Du in den schwersten und auch traurigsten Situationen meines Lebens, immer an meiner Seite warst ... Danke!

Bei Petra B., die immer ein offenes Ohr für meine Sorgen hatte ... Danke!

Bei Jessi und Fin, weil Ihr mir nach langer Zeit wieder das Gefühl gegeben habt, ein Zuhause zu haben ... os quiero mucho!

Bei Chris D., weil du es geschafft hast, die Frau in mir wieder zu erwecken, und ich wieder Nähe zulassen konnte ... Danke!

Bei Martina A., für Dein wirklich hilfreiches Korrekturlesen ... Danke!

Bei Andreas Klar, weil Du mir in Deinem 8 Wochen Mentoring gezeigt hast, wo meine wahre Stärke und meine Mission liegt ... Danke!

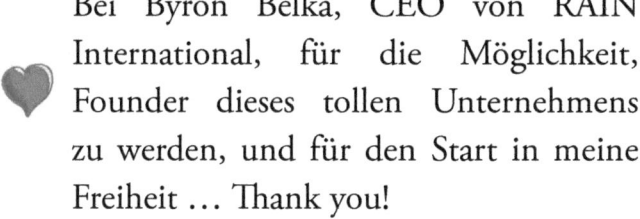

Bei Byron Belka, CEO von RAIN International, für die Möglichkeit, Founder dieses tollen Unternehmens zu werden, und für den Start in meine Freiheit ... Thank you!

Bei Frank Frei, weil Du mir uneigennützig und liebevoll, so viel wertvolle Unterstützung gibst ... Danke!

Bei Marcus Nilgus, für Deine Zeit, mich in der Endphase dieses Buches so hilfreich und freundschaftlich zu unterstützen ... Danke!

Ganz wichtig natürlich, bei meiner Familie, die egal, wie lange wir uns nicht sehen und wie viele Kilometer uns auch trennen, mir immer wieder das Gefühl gibt, geliebt zu werden ... Danke!

And last but not least ... Bei Henrik B., weil unser gemeinsamer Weg, mit allen Höhen und verdammt vielen Tiefen, mich dahin gebracht hat, wo ich jetzt bin

… zu meinem wahren Ich … Danke Outlaw!

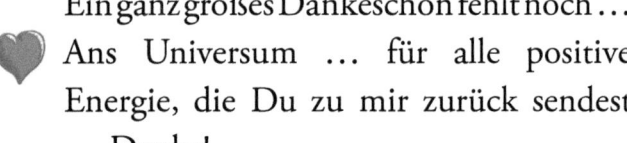 Ein ganz großes Dankeschön fehlt noch … Ans Universum … für alle positive Energie, die Du zu mir zurück sendest … Danke!